# NOTICE

## HISTORIQUE

## SUR LA VIE ET LES TRAVAUX

## DE M. J.n PÉRIER,

PASTEUR DE L'ÉGLISE DE LASALLE,

DÉCÉDÉ LE 10 SEPTEMBRE 1825.

Par Charles Fraissinet,

Past. de l'Eglise de Sauve.

Veillez et priez.
*St. Marc*, c. 13 v. 33.



20 centimes pour des œuvres de bienfaisance.

La vie d'un homme public qui, toujours docile aux inspirations de sa conscience, a constamment rempli les devoirs qui lui étaient imposés, ne peut qu'exercer une très-grande influence sur le bien-être de la société en général, en l'exerçant sur la conduite de tous ceux qui suivent la même carrière. C'est dans ce but que je vais esquisser l'histoire de ce chrétien pieux, de ce savant modeste, de ce citoyen fidèle, de ce ministre zélé dont la perte a plongé dans le deuil l'église de Lasalle. Une main plus habile aurait dû sans doute se charger de ce soin; si l'amitié, si la reconnaissance pouvaient suppléer au talent, personne mieux que moi, n'aurait été capable de tracer le tableau moral de ce pasteur justement vénéré qu'une mort trop prématurée vient d'enlever à sa famille et à ses nombreux amis; mais que pourrai-je faire? Raconter fidèlement et sans prétention ce que je sais si bien. Que ma tâche est pénible! et heureux encore l'ami qui, comme moi, n'a que des fleurs à répandre sur la tombe de l'ami qu'il pleure! Heureux encore l'ami qui, comme moi, voit partager ses larmes ! Heureux encore l'ami qui, comme moi, peut faire l'éloge de celui qu'il aimait, en se bornant à raconter sa vie.

JEAN PÉRIER naquit au hameau de la Bécedelle dans la commune de St.-Martin-de-Corconac, le 12 décembre 1779. Ses parens riches et vertueux, n'ayant pas tardé à découvrir en lui le germe de ce qu'il devait être un jour, le destinèrent, dès sa plus tendre enfance, à l'excellente charge qu'il a si bien remplie jusqu'au moment où le Seigneur a voulu le retirer de ce monde, pour l'introduire dans son royaume céleste. Ainsi, quoique le premier né de la famille et appelé par cela même à remplacer son père dans l'administration de ses biens, JEAN PERIER, voué au service des autels, fut placé, après avoir fait ses études préparatoires, auprès du vénérable Président de l'église de Lasalle en qualité de Proposant. M. Gabriac, juste appréciateur du mérite, ayant su démêler dans son élève tout ce qu'il pouvait devenir, l'annonçait souvent à son père qui ne l'entendait jamais sans verser des larmes de joie ; il ne s'attendait point, hélas ! à devoir en verser de si amères : pouvait-il prévoir qu'il accompagnerait lui-même à la tombe ce fils chéri qui lui faisait espérer un si riant avenir?

Le 11 novembre 1796, après quelques années passées on ne peut plus utilement auprès du vénérable M. Paul Gabriac, JEAN PERIER partit pour le séminaire de Lausane. Admis à en suivre les cours après un brillant examen qu'il subit sur le latin, la rhétorique et la philosophie, il ne s'y distingua pas moins par ses progrès rapides, que par son inaltérable assiduité, aussi y devint-il, en peu de temps, un des élèves les plus distingués de cette époque. Ses professeurs, charmés de voir réunis les talens au goût de l'étude, s'attachèrent à lui par les liens de la plus sincère affection. Le bon M. Durant, qui l'aimait comme son enfant propre, ne l'appelait que son *bon ami*. Fallait-il, en censurant la conduite d'un élève, lui offrir un modèle à suivre, c'était toujours son *bon ami* qu'il choisissait; et aurait-il pu faire un meilleur choix? A de mœurs sans tache, ce *bon ami* joignait une application exemplaire qui, développant chaque jour les talens qu'il avait reçus de la nature, le mit à même de ne jamais redouter l'approche de ses examens qu'il subit toujours de la manière la plus brillante.

Non content de suivre les cours du séminaire, cet élève studieux suivait encore ceux de l'académie; aussi ne revint-il pas dans sa patrie seulement moraliste et théologien, il y revint astronome, physicien, mathématicien, littérateur, etc. Les notes qu'il a laissées et sa bibliothèque qu'il consultait journellement, démontrent qu'il cultivait à la fois ces diverses sciences. Une mémoire excellente unie à un jugement sain l'avait rendu capable de voir jusques dans les ténèbres de l'histoire ecclésiastique, et de débrouiller avec habileté ce chaos d'opinions, de dates et de faits qui sont l'écueil de presque tous ceux qui se livrent à cette étude tout à la fois importante et fastidieuse. Assez bon helléniste et profond dans le latin, JEAN PERIER connaissait aussi passablement les langues allemande et italienne. La sienne, il l'avait approfondie; il la parlait avec la pureté d'un Racine et la noblesse d'un Buffon : le style épistolaire lui était surtout familier : il en connaissait tellement les diverses beautés qu'il intéressait en écrivant les plus petites choses.

De retour en France au commencement

d'août 1801, JEAN PERIER, à qui le séminaire de Lausane avait délivré les certificats les plus honorables, fut consacré au Pompidou par M. Charles Bourbon, pasteur de l'église de St-André-de-Valborgne. Les examens qu'on lui fit subir furent très-sévères ; mais il s'en tira, comme on devait l'attendre, avec le plus grand honneur. Interrogé pendant près de trois heures sur tout ce que la théologie, la morale, la critique sacrée et l'histoire ecclésiastique ont de plus difficile, il répondit toujours avec tant de précision, qu'il satisfit pleinement les divers pasteurs réunis pour juger de son aptitude. Obligé de faire deux sermons d'épreuve, dans l'espace de six jours, il remplit cette tâche pénible de manière à prouver à ses juges que le nouveau frère qu'ils allaient se donner n'était pas un homme ordinaire. Le premier sur ces paroles de St-Jean, *la parole était au commencement avec Dieu*, fut écrit avec tant de correction, pensé avec tant de profondeur et récité avec tant de fermeté, tant d'éloquence, que l'assemblée de pasteurs, fixée sur le mérite du récipiendaire, le dispensa de lire le second que le temps ne lui avait pas permis d'apprendre.

Immédiatement après sa consécration, JEAN PERIER, dont la réputation justement méritée était déjà connue, fut demandé simultanément par diverses églises; mais n'étant encore que dans sa 22.me année, il n'osa pas répondre à l'honneur qu'il méritait si bien. Peu après, cédant aux instances de M. Béranger de Caladon, il se chargea de l'éducation de son fils, et je ne crains pas de dire que c'est à l'exemple de ses vertueux parens, fortifié par les leçons de son digne précepteur, que l'héritier de cette noble famille doit cette piété sincère qui le distingue d'une manière si avantageuse, et le rend digne d'être offert en exemple aux chrétiens de toutes les conditions. Deux ans s'étant écoulés auprès de M. Caladon, JEAN PERIER à qui l'on avait déjà offert les églises d'Anduze et de Valleraugue, accepta celle de Lasalle quoique la moins avantageuse sous les rapports pécuniaires, parce qu'elle le rapprochait le plus de sa chère famille pour laquelle il a toujours été animé des sentimens les plus tendres et les plus affectueux. Vers le milieu d'Avril 1803, il se rendit au poste que son cœur avait choisi; son discours d'entrée sur ces paroles : *nous sommes vos serviteurs pour l'amour de Christ*, fut prononcé avec tant d'onction et de talent, que chacune de ses ouailles bénissait la divine providence d'avoir accordé à leurs prières un pasteur si distingué par son zèle, son éloquence et son savoir.

Environ trois ans après, le 2 juin 1806, il s'allia à l'une des plus respectables familles de son église en unissant ses destinées à celle de M.lle Suzanne Vernet dont la maison est avantageusement connue dans le commerce. Douce, sensible, aimante, douée des qualités les plus précieuses, M.lle Vernet a toujours fait le bonheur de celui que la mort vient d'enlever à son amour. De cinq enfans, doux fruit de l'union la plus douce, trois seulement sont restés pour essuyer les larmes de leur inconsolable mère : deux en bas âge appelés au triomphe sans avoir pris part au combat, avaient dévancé leur vénérable père dans le séjour de la félicité.

Un corps sain et vigoureux, une santé qui n'avait jamais été altérée d'une manière sensible, un exercice modéré, une tempérance universelle, un âge encore dans toute sa force semblaient promettre à celui dont nous pleurons la perte une longue suite d'années de vie et de bonheur; néanmoins il a vu trancher le fil de son existence dans la matinée du 10 septembre 1825. Oui la mort, l'inexorable mort a frappé ce ministre fidèle; mais quelqu'imprévus qu'aient pu être ses coups, nous sommes assurés qu'ils ne l'ont point surpris. Les reins ceints et la lampe allumée, il attendait avec confiance l'arrivée de l'époux ; et il n'est pas douteux qu'il n'ait été introduit avec lui dans la salle des nôces.

Mais revenons à cette mort si prompte, si propre à nous faire faire le compte de nos voies. Le 9 septembre, à son retour de la campagne où il allait habituellement se délasser des travaux de son ministère, Jean PERIER, après avoir soupé comme à son ordinaire, sentit un léger embarras d'estomac qui bientôt acquérant de l'intensité, provoqua des vomissemens. Sa tendre épouse, quoique bien loin de s'attendre au coup fatal qui devait la frapper dans quelques heures, voulait appeler le médecin; mais il ne voulut point y consentir: elle lui prodigua elle-même tous les soins que lui dictaient ses connaissances et son amour. Le mal sembla diminuer: bientôt il se livra à un sommeil qui paraissait très-paisible; son épouse qui l'observa toute la nuit avec le plus grand soin se livrait aux plus douces espérances, lorsqu'à la pointe du jour, croyant pouvoir sans inconvénient interrompre son sommeil, elle l'interroge, lui prend la main et n'en reçoit pour toute réponse qu'un léger serrement; alors effrayée, toute éperdue, elle appelle du secours; M. Fermaud arrive : ce médecin habile et prudent met en œuvre toutes les ressources de l'art; mais helas! il n'était plus temps; l'apoplexie, qui devait nous plonger dans le deuil, en plongeant ce bon pasteur dans la tombe, avait déjà fait des progrès trop rapides pour qu'il fût possible à l'homme d'en arrêter le cours: à 10 heures du matin ce digne ambassadeur de Christ était déjà retourné vers son maître. Son agonie ne fut ni longue ni pénible; ayant toujours vécu de la vie des justes, pouvait-il ne pas mourir de leur mort?

A peine la nouvelle de son indisposition fut-elle répandue dans Lasalle, que sa porte fut assiégée par les habitans des divers quartiers de la ville. Catholiques, Protestans, riches, pauvres, tous voulaient savoir en quel état se trouvait leur ami; tous suivaient en tremblant les progrès de sa maladie; tous redoutaient d'avance le coup qui nous a frappés. Quelle consternation quand on apprit qu'il n'était plus! des larmes coulaient de tous les yeux; chacun semblait avoir perdu son père.

M. l'abbé Coste qui avait su l'apprécier, montra alors, de la manière la moins équivoque, combien était sincère et franche l'amitié qu'il lui avait toujours témoignée. Ce digne prêtre, apprenant la mort de son ami au moment où il allait célébrer la messe, fut tellement ému de cette triste nouvelle qu'il ne lui fut pas possible de remplir ce devoir; et cette émotion, il ne craignit pas de la manifester ni d'en dire la cause; ceux qui étaient venus l'entendre la partageaient avec lui. Que ce fait prouve bien et la bonté du pasteur et les lumières et l'aménité du curé de Lasalle. Ils avaient toujours été unis, ils avaient toujours su sympatiser: quel exemple! Pourquoi faut-il qu'il soit si rare? Pourquoi faut-il que tous les prêtres catholiques ne voient pas dans tous les pasteurs protestans autant de frères qui, n'ayant rien tant à cœur que de vivre avec eux, sont toujours disposés à leur offrir leur amitié la plus sincère.

Le moment de déposer dans la tombe la dépouille mortelle de l'ami que nous avons perdu étant arrivé, un concours immense composé des chrétiens des deux cultes de Lasalle et de tous les environs se réunit devant sa maison, en deuil, et l'accompagna, malgré la pluie qui tombaît par torrens, jusqu'à sa dernière demeure bien qu'éloignée de près de demi-lieue.

Ainsi a terminé sa carrière terrestre à l'âge de 45 ans 8 mois et 28 jours, ce pasteur si pieux, si zélé, si digne, sous tous les rapports, de la charge excellente dont il était revêtu. Son estimable famille ne sera pas seule à le pleurer: ses nombreux amis donneront long-temps des larmes à sa mémoire: l'église de Lasalle ne l'oubliera jamais et je me souviendrai toujours que c'est à lui que je devrais tout si j'en avais reçu la vie.

Les raisons qui avaient déterminé ce digne pasteur à accepter l'église de Lasalle, unies à l'attachement qu'on lui témoignait, attachement bien réciproque, l'empêchèrent toujours d'accepter celles qu'on lui offrit à diverses époques. Appelé à Orange, à Milhaud, etc., il a constamment répondu qu'il chérissait son troupeau, qu'il croyait faire le bien dans son église, et qu'il ne la quitterait qu'en quittant cette terre de larmes. Ah! il était aimant, il chérissait son troupeau; mais aussi combien son troupeau le chérissait; combien il était aimé de ceux-là même qui n'en faisaient pas partie; et cette amitié était si franche, si sincère, si solidement établie que, malgré les divisions que la politique a opérées dans les esprits, il est demeuré l'ami de tous, quelque différente que fût leur opinion. Il était si doux, si bon, si prévenant, si aimable; qui aurait pu le haïr?.. Un physique agréable, un organe moelleux, une sensibilité exquise, une logique pressante, une diction pure, un débit noble et entraînant faisaient de Jean Perier un orateur qu'on ne se lassait jamais d'entendre. Avec quelle grâce il peignait le juste, comme il faisait chérir la vertu dans son sermon sur ces paroles de Salomon : *celui qui est maître de son cœur vaut mieux que celui qui prend des villes.* Comme il foudroyait le vice, dans ce dicours plein de nobles beautés où il démontrait jusqu'à la plus parfaite évidence la vérité de son texte : *le méchant fait une œuvre qui le trompe.* Là il était tout ce qu'on peut être, éloquent et persuasif. Néanmoins quelque bien qu'il fût en chaire, il était encore mieux au chevet du malade. L'exhortation du mourant, cette partie de notre ministère tout à la fois si importante et si difficile, était son triomphe. Avec quelle onction il parlait, au pécheur près de déloger de ce monde, de la miséricorde de son père céleste: avec quelle conviction il lui montrait Jésus, l'agneau de Dieu effaçant par son sacrifice les souillures du monde! Toujours il dissipait la crainte par le charme de l'espérance: toujours il faisait succéder à l'idée attérrante d'enfer et de tourmens infinis, l'idée ravissante de paradis et de jouissances éternelles; et ce n'était pas seulement des consolations spirituelles qu'il apportait dans ses visites charitables; jamais il n'entra dans la maison du pauvre sans s'informer de ses besoins temporels; et ses questions toujours discrètes étaient toujours accompagnées des moyens d'y satisfaire; aussi, pouvons-nous le dire sans crainte d'être démentis: si, en le perdant, la société a perdu un de ses membres les plus vertueux, les sciences un de leurs plus ardens amis, l'église un de ses pasteurs les plus doctes, les plus éloquens, les plus zélés, les pauvres ont perdu un de leurs amis les plus tendres, un de leurs bienfaiteurs les plus généreux.

Ce pasteur, vraiment digne de l'être, n'avait pas seulement rendu ses talens utiles en cultivant lui-même la vigne du Seigneur, mais encore en formant des ouvriers qui maintenant la cultivent avec succès. M. Auguste Perier, son digne frère et l'un des pasteurs de St.-Hippolyte, qui unit à la science le zèle et la piété, a reçu pendant long-temps les leçons de ce frère chéri, sur la perte duquel il répand et répandra toujours des larmes si amères et si bien méritées : M. Blanc, de Beauvoisin, actuellement pasteur de Sommières, et M. Orange-Massot, de Lasalle, aujourd'hui pasteur à Génolhac, ont également étudié auprès de ce vertueux disciple du Sauveur, et peut-être puisé chez lui ce fond de piété, ce zèle sans fard qui les distingue. Jean PERIER que la Société minéralogique d'Iéna comptait au nombre de ses membres correspondans, donnait chaque jour quelque chose aux sciences ; il s'occupait surtout de météorologie ; on a trouvé dans ses papiers une suite d'observations atmosphériques depuis 1804 jusqu'à la veille du jour où il a délogé de ce monde, et ces observations sont d'autant plus précieuses qu'elles doivent être infiniment exactes, attendu qu'il avait un grand nombre de très-bons instrumens, et qu'il ne se passait pas de jours qu'il ne les consultât trois fois.

Terminons cette courte notice par une observation bien digne de remarque ; la dernière fois que son troupeau chéri a eu le bonheur de l'entendre, c'était le 4 septembre, il devait, selon l'usage, administrer la sainte Cène et comme, à la honte des chrétiens de nos jours, cette communion est ordinairement peu fréquentée, il improvisa une longue et touchante exhortation pour détruire ce criminel abus ; il insista surtout sur cette idée, qu'il ne faut point endurcir son cœur alors qu'on entend la voix de l'Eternel : *peut-être*, dit-il, *peut-être est-ce la dernière fois que vous voyez la sainte table dressée devant vous ; peut-être est-ce la dernière fois que j'ai à vous offrir ces gages de votre rédemption ; peut-être est-ce la dernière fois que je vous adresse la parole.*

Hélas! l'événement n'a que trop justifié cette fatale prédiction.

FIN.

A NISMES,
de l'Imprimerie de P. Durand-Belle.

www.ingramcontent.com/pod-product-compliance
Lightning Source LLC
LaVergne TN
LVHW020457230826
846091LV00008BA/3249

* 9 7 8 2 0 1 9 2 5 8 3 6 8 *